AF485540

अथ बाबूशाही

(बाबूविषयक चुटीली कुण्डलियाँ)

प्रणेता
विश्वकीर्तिमानक
डॉ. ओम् जोशी

दिल्ली-११००८९, (भारत)

प्रथम संस्करण : 2021
ISBN : 978-93-90889-66-2

प्रखर गूँज पब्लिकेशन
एच-3/2, सेक्टर-18, रोहिणी, दिल्ली-110089
दूरभाष : 7982710571, 7838505899, 011-42635077

मूल्य : 100 /-

© संबंधित रचनाकार के अधीन

अक्षरांकनः डॉ. वन्दना जोशी

मुखपृष्ठ : विश्वकीर्तिमानक
    डॉ. देवेन्द्र शर्मा

अथ बाबूशाही (बाबूविषयक चुटीली कुण्डलियाँ)

प्रणेता
विश्वकीर्तिमानक
डॉ. ओमू जोशी

Ath Babushahi (Kundliyan)
By : World Record Holder
Dr. Om Joshi

Published by
PRAKHAR GOONJ PUBLICATION

H-3/2, Sector -18 Rohini, Delhi - 110089
E-mail : prakhargoonj@gmail.com
        sinha.neelu123@gmail.com
011-42635077, 7982710571, 7838505899

web : prakhargoonjpublications.com

सादर समर्पण...

आकाशवाणी के वरिष्ठ केन्द्र निदेशक
सम्माननीय श्रीयुत हरेन्द्र कोटियाजी को..
जिन्होंने 'आकाशवाणी' के सेवाकाल में
मेरा मित्रवत् अद्भुत उत्साहवर्धन किया।

अथ बाबूशाही : बाबूविषयक चुटीली कुण्डलियाँ

व्यंग्य और हास्य को एक साथ साधना, 'सिद्ध' करना सदा से बड़े बड़े रचनाकारों के लिए टेढ़ी खीर रहा है। कोई व्यंग्यकार के रूप में विख्यात हुआ, तो कोई कोई मँजा हुआ हास्यकार कहलाया। किन्तु, डॉ. ओम् जोशी उन विरले रचनाकारों में भी अन्यतम हैं, जिनकी लेखनी से व्यंग्य के साथ साथ हास्य की धारा सहज प्रवाहित होती है। डॉ. जोशी की 'काव्यगंगा' दशकों का अनुभव समेटे, उत्तुंग विद्वत् शिखरों की कसौटियों से मान्यता पाकर, कठिन और प्रायः असम्भव कीर्तिमानों को भंग करती हुई, प्रतिष्ठित पुरस्कारों और वैश्विक सम्मानों के घाटों को संस्पर्श करती हुई, नई सदी की चुनौतियों से प्रतिस्पर्धा करती हुई, आज सुयशदायिनी उपलब्धियों की 'वाराणसी' में शोभायमान है। यह उनके अथक परिश्रम और अडिग संकल्पशीलता का ही सुपरिणाम है। एक बात और .. डॉ. जोशी का उच्च स्तरीय विशाल रचनासंसार इस जनधारणा को भी बड़े प्रेम से झुठलाता है कि गुणवत्ता 'क्वालिटी' और बड़ी संख्या 'क्वांटिटी' का कभी साथ नहीं हो सकता। श्रेष्ठ आलंकारिक भाषा प्रयोगों से सुसज्जित उनके लगभग छः लाख से भी अधिक दोहे और पचास हज़ार से भी अधिक मानक मुक्तक प्रदेश और देश की अमूल्य साहित्यिक पूँजी हैं, पाठकों का अभिमान हैं। प्रस्तुत पुस्तक **'अथ बाबूशाही'** हिन्दी

पद्य विधा की **'कुण्डली'** शैली में निबद्ध रंजक रचनाओं का अनूठा भण्डार है। यह पुस्तक वास्तव में ऐसे जीव के आचरण, कारनामों, लिप्सा और कुटेव का शब्द चित्रण है, जिसे क्लर्क या **'बाबू'** कहा जाता है। हर कुण्डली बाबू और उसकी दुनिया का सूक्ष्म ब्यौरा है और बाबू की पैनी पड़ताल करती रचनाकार की भेदी दृष्टि की सूचक भी है। युग कोई भी हो, स्थितियाँ कितनी भी संगीन, गम्भीर क्यों न हों, विभाग और तकनीक कोई भी क्यों न हो, **'बाबू'** अपनी विशेषताओं को धारण किए हमेशा 'वही' होता है। इसी यथार्थ की मज़ेदार और चुटीली बानगियाँ इस पुस्तक का प्रबल आकर्षण हैं। जैसे –

'महँगाई सम बढ़ रहे, हर बाबू के भाव। रिश्वत से इसको सदा, रहता बहुत लगाव।।' अथवा ये पंक्तियाँ – **'लछमी पर रहती सदा, हर बाबू की दृष्टि। वह घर में नित चाहता, धन की अद्भुत वृष्टि।।'**

इसी रचना में मानो **'बाबू'** से पीड़ित होकर साक्षात् कबीर, रसख़ान और बिहारी जैसी विशेष विभूतियाँ भी जब.. 'बाबू बानी' या 'बाबूबयानी' कहती, करती हैं, तो एक अनोखे, अनूठे प्रयोगात्मक 'रस' की सृष्टि होती है, वृष्टि होती है। डॉ. जोशी के समग्र कृतित्व में दमक रही विविधरंगी रचनाओं के बीच **'अथ बाबूशाही'** रचना की कुण्डलियाँ विशिष्ट स्थान रखती हैं। निश्चित ही 'गिरधर कविराय' और 'काका हाथरसी' की कुण्डलियों के समान डॉ. जोशी की कुण्डलियाँ भी जनमानस पर हास्य, व्यंग्य और प्रसन्नता की मधुर थाप देंगी ही, मुझे

विश्वास है। प्रस्तुत रचना **'अथ बाबूशाही'** के लिए डॉ. जोशी को मेरी ओर से हार्दिक शुभकामनाएँ भी।

श्रीशुभम्

गुरुवार
२४/०६/२०२१

विश्वकीर्तिमानक

डॉ. देवेन्द्र शर्मा
मध्यप्रदेश के प्रथम ट्रेड सेंटर कार्टूनिस्ट,
४१ – ए रतनबाग़, एरोड्रम रोड, इन्दौर, म.प्र.

अथ बाबूशाही

(बाबूविषयक चुटीली कुण्डलियाँ)

◼ ◼ ◼ ◼ ◼

१

इस जग में सबसे विकट, केवल 'बाबू' नाम।
बाबू बिन सम्भव नहीं, सरकारों के काम।।
सरकारों के काम, सदा बाबू ही करते।
सुबह/दोपहर/शाम, पेट 'लछमी' से भरते।।
कह जोशी कविराय – 'धन्य 'बाबू' की महिमा।
इनसे प्रायः नष्ट, विश्व की सारी गरिमा'।।

२

बाबू/सेवक/क्लर्क – ये, प्रचलित इनके नाम।
अद्भुत इनकी शक्तियाँ, नित छलकाते जाम।।
नित छलकाते जाम, पलटते 'फ़ाइल' पल पल।
अगर, कहो कुछ काम, बताते सबको कल कल।।
कह जोशी कविराय – 'विकट 'बाबू' के किस्से।
धन खाना दिनरात, सदा से इनसे हिस्से'।।

३

जब..से 'बाबू' आ गया, भारी रिश्वतख़ोर।
बरस रहा उसके भवन, धन भीषण घनघोर।।
धन भीषण घनघोर, वस्तुतः अतिदुखदायक।
यही दुखों की भोर, उगाता, ज्यों खलनायक।।
कह जोशी कविराय – 'काम, यदि, हो करवाना।
झट दे सौ का नोट, तब....उसे चाय पिलाना'।।

४

चाय, पान, बीड़ी, चरस, हुक्का, दारू, भाँग।
इन चीज़ों की प्रेम से, 'बाबू' करते माँग।।
'बाबू' करते माँग, काम फिर भी..लटकाते।
अड़ा काम में टाँग, भयंकर 'रिश्वत' खाते।।
कह जोशी कविराय – 'कुण्डली सुनो हमारी।
हर 'बाबू' को, यार ! मात्र लछमी ही प्यारी'।।

५

फ़ाइल बिन बाबू सदा, जैसे जल बिन मीन।
कुछ 'बाबू' सम्पन्न, तो, कुछ बिलकुल ही दीन।।
कुछ बिलकुल ही दीन, चाय/पानी से माने।
पर, कुछ सुरा अधीन, बड़ी 'बोतल' पहचाने।।
कह जोशी कविराय – 'समस्या ये उपजाते।
समाधान तत्काल, उसी का सहज बताते'।।

६

'कर्मचारियों का सतत, रखते ग़लत हिसाब।
फिर भी.., आश्रित क्लर्क पर, साहब बड़े ख़राब।।
साहब बड़े ख़राब, क्लर्क से चक्कर खाएँ।
देते तुरत जवाब, प्रश्न, यदि, पूछे जाएँ'।।
कह जोशी कविराय – 'कुपित तब.. 'बाबू' दादा।
बोले – 'आगे और, नहीं कुछ कहना ज़्यादा'।।

७

झूठे झूठे बिल बना, बाबू 'गंगाराम'।
शासन को चूना लगा, करता मन के काम।।
करता मन के काम, ख़ूब छुट्टी पर जाता।
भारी धूमधड़ाम, पुनः जब.. वापस आता।।
कह जोशी कविराय – 'ग़लत काग़ज़ लिख लाते।
ऊपर से क़ानून, साब को 'क्लर्क' सिखाते'।।

८

हर 'बाबू' भारी विकट, पा झट सौ का नोट।
सट रखता गुपचुप उसे, बिन परदे की ओट।।
बिन परदे की ओट, काम जल्दी सलटाता।
कुछ ना रखता खोट, सही 'प्रकरण' समझाता।।
कह जोशी कविराय – 'अन्यथा यही नचाता।
दुख देता दिनरात, व्यर्थ चक्कर लगवाता'।।

६

बाबू से 'साहब' बने, सेवक लल्लूलाल।
कार्यालय में आ गए, रच पद मायाजाल।।
रच पद मायाजाल, फ़ाइलें खोलीं सारी।
पी 'बोतल' तत्काल, तुरत ही गरजे भारी।।
कह जोशी कविराय – 'मूलतः वे थे बाबू।
पद पाते ही साब, गर्व से झट बेक़ाबू'।।

१०

बारह बच्चे हो गए, 'बाबू' दुखी महान।
अपनों से बोले यही – 'यह मेरा अज्ञान।।
यह मेरा अज्ञान, व्यर्थ परिवार नियोजन।
घोर कष्ट में जान, सुदुर्लभ सबको भोजन'।।
कह जोशी कविराय – 'सपन, यदि, पूरे करना।
छोटा सा परिवार, ढेर खुशियों से भरना'।।

११

बाबू को 'साहब' कहो, यदि, करवाने काम।
और नहीं तो अन्यथा, समझो काम तमाम।।
समझो काम तमाम, निरन्तर 'प्रकरण' लम्बित।
तब.. ज्यों जीवन वाम, हृदय निज करे प्रकम्पित।।
कह जोशी कविराय – 'व्यवस्था इनकी भारी।
कनिष्ठिका पर ख़ूब, नचाते ये, अधिकारी'।।

१२

पीकर साहब से किया, 'बाबू' ने संवाद।
'माल अकेले खा रहे, मेरे हृदय विषाद।।
मेरे हृदय विषाद, भयानक 'कलयुग' आया।
दुनिया को बरबाद, कर रही प्रतिपल माया'।।
कह जोशी कविराय – 'साब बोले – 'लो माला।
भजो 'राम' का नाम, कभी ना पीना हाला'।।

१३

पैसे पैसे के लिए, 'बाबू' मरते रोज़।
कौन नया मुर्ग़ा फँसे ? करते प्रतिदिन खोज।।
करते प्रतिदिन खोज, कहाँ से पैसा आए ?
नित दारू का ओज, भर हृदय, शोर मचाए।।
कह जोशी कविराय – 'विकट 'बाबू' की बातें।
ले रिश्वत अविराम, सदा ये पीते/खाते'।।

१४

बाबू बोला साब से – 'सलटे सारे काज।
वासन्ती ऋतु आ गई, सहायिका खुश आज।।
सहायिका खुश आज, 'वसन्ती' साड़ी पहनी।
सुन्दरता की 'गाज', गिरी, यह चर्चा करनी'।।
कह जोशी कविराय – बोल 'साहब' मुसकाए।
'इस पर 'परिसंवाद', तुरत करवाया जाए'।।

१५

नया नया 'बाबू' बना, सेवक 'मातादीन'।
ख़ूब बजाता प्रेम से, नित 'रिश्वत' की बीन।।
नित 'रिश्वत' की बीन, झुमाती झट कार्यालय।
मुँह से रोटी छीन, बनाती घर मदिरालय।।
कह जोशी कविराय – 'सदा उन्मत्त जवानी।
देती तुरत उतार, मनुज ! इज़्ज़त का पानी'।।

१६

क्लर्कों ने की घोषणा, बेमुद्दत हड़ताल।
सभा मध्य बोले सभी – 'अब कुछ करो कमाल।।
अब कुछ करो कमाल, व्यवस्था चरमर चरमर।
कार्यालय बेहाल, दुखी सारे ही अफ़सर'।।
कह जोशी कविराय – 'फ़ाइलें झट मुसकाईं।
विकट समय की मार, आज 'लछमी' ना आई'।।

१७

रिश्वत खाते पुलिस ने, पकड़ा रंगे हाथ।
बाबू बोला साब से – 'चलो हमारे साथ।।
चलो हमारे साथ, घूम आएँ अब थाने।
हम तो हुए अनाथ, सदा धन के दीवाने'।।
कह जोशी कविराय – 'भ्रष्ट 'साहब' झल्लाए।
'तुम ना जाओ, यार ! नोट तो हमने खाए'।।

१८

यह 'बाबू' भारी विकट, पीता 'नीट' शराब।
सबको देता गालियाँ, बनता बड़ा नवाब।।
बनता बड़ा नवाब, उड़ाता धन भी भारी।
पल पल देख शबाब, लार टपकाता सारी।।
कह जोशी कविराय – 'यही 'बाबू' की माया'।
बिलखी फ़ाइल आज – 'इसी ने हमें लजाया'।।

१९

'चाहे, तो पल में भरे, सबके हृदय प्रकाश।
बाबू ठाने, तो करे, भारी सत्यानाश।।
भारी सत्यानाश, करे फ़ाइल भी ग़ायब।
प्रतिदिन खेले ताश' – दुखी हो बोले सायब।।
कह जोशी कविराय – 'फँसाता भीषण फच्चर।
जनता को दिनरात, खिलाता 'बाबू' चक्कर'।।

२०

घर ले आता 'लिपिक' झट, कार्यालय का माल।
खाने को, यदि, ना मिले, लाता ही भूचाल।।
लाता ही भूचाल, अड़ंगे रोज़ लगाता।
फैला मायाजाल, नए क़ानून बताता।।
कह जोशी कविराय – 'साब की हँसी उड़ाता।
पीता/खाता ख़ूब, सड़क पर लोट लगाता'।।

२१

सचमुच होती अतिचतुर, यह 'बाबू' की ज़ात।
पता नहीं किससे करे, कब, कैसी, क्या घात ?
कब, कैसी, क्या घात ? पता कुछ भी ना चलता।
नित कर मीठी बात, 'गिरगिटी' रंग बदलता।।
कह जोशी कविराय – 'विश्व को हम समझाएँ।
इनसे तो भगवान, सभी को तुरत बचाएँ'।।

२२

बोली 'बाबू' की प्रिया – 'साड़ी ला दो आज।
सत्य सत्य ही कह रही, यह अति उत्तम काज।।
यह अति उत्तम काज, बनो ना मूँजी, प्रियतम !
रखो प्रणय की लाज, बजेगी पायल छम छम'।।
कह जोशी कविराय – 'निकालो नहीं दिवाला'।
बाबू बोला – 'रोज़, कष्ट दे रहा हवाला'।।

२३

मन्त्री के चमचे चतुर, 'बाबू' उड़े विदेश।
फ़ाइल ना ली साथ में, यही भयंकर क्लेश।।
यही भयंकर क्लेश, मगर, पल पल मुसकाएँ।
कर काजल सम केश, बहुत फोटो खिंचवाए।।
कह जोशी कविराय – 'लौट ख़ाली ना आए।
सुन्दर/गोरी नार, विदेशी झट घर लाए'।।

२४

अभिभाषक से, झूम झट, बोला सेवकराम।
'तुम चाहो, तो आज ही, कर दूँ काम तमाम।।
कर दूँ काम तमाम, फ़ीस पहले पहुँचाओ।
वरना, तो विश्राम, करो, घर जा सो जाओ'।।
कह जोशी कविराय – 'तुरत बोले अभिभाषक।
'तुम सा दुर्लभ आज, विश्व में लछमीसाधक'।।

२५

बोला 'बाबू' भीम से, चश्मा तुरत उतार।
'चाहे तुम कुछ भी करो, लाओ भले उधार।।
लाओ भले उधार, मगर, 'रिश्वत' दो, भैया !
वरना..अब मझधार, इसी 'प्रकरण' की नैया'।।
कह जोशी कविराय – 'तभी 'साहब' चिल्लाए।
'यह प्रकरण तत्काल, इधर पहुँचाया जाए'।।

२६

भोले 'बाबू' ने किया, साहब से संवाद।
'रिश्वत भारी आ रही, केवल यही विषाद।।
केवल यही विषाद, अगर, 'छापा' पड़ जाए।
तो जीवन बरबाद, आपको समझ न आए'।।
कह जोशी कविराय – 'तुरत अफ़सर हँस बोले।
'दारू से सब 'सिद्ध', मत करो चिन्ता भोले !'।।

२७

रिश्वत को नित दे रहा, 'बाबू' बड़ा महत्त्व।
उसे ज्ञात है वस्तुतः, लछमी का क्या तत्त्व !!
लछमी का क्या तत्त्व !! समझना अचरज भारी।
इससे ही अमरत्व, जानते सब अधिकारी।।
कह जोशी कविराय - 'कुण्डली सुनो हमारी।
बाबू से दुखमग्न, प्रजा, साहब, व्यापारी'।।

२८

सहायिका का 'साब' से, नित्य 'मधुर' सम्पर्क।
साहब तो अद्भुत गुणी, 'सहायिका' का तर्क।।
'सहायिका' का तर्क,   स्वार्थ का नित परिचायक।
उन्हें नहीं कुछ फ़र्क़, क्योंकि, 'रिश्वत' वरदायक।।
कह जोशी कविराय - 'भले कुछ भी हो, भैया !
बिन बाबू, बिन साब, रुद्ध शासन की नैया'।।

२६

बाबू 'लल्लू' ने कहा - 'साहब बड़े महान।
रिश्वत खाने में सदा, उनका पूरा ध्यान।।
उनका पूरा ध्यान, बड़े 'नोटों' में रहता।
ना देते सम्मान, अगर, मैं कुछ भी कहता'।।
कह जोशी कविराय - 'बोल 'साहब' मुसकाए।
'उसका बेड़ा पार, नित्य जो 'लछमी' पाए'।।

३०

मुन्ना बाबू ने कहा – 'साहब ! चल दो संग।
और नहीं कुछ चाहिए, साथ पिएँगे भंग।।
साथ पिएँगे भंग, नशा यह सबसे न्यारा।
अद्भुत इसका रंग, सुखद ज्यों नदी किनारा'।।
कह जोशी 'कविराय – 'तभी 'साहब' चिल्लाए।
'मुन्ना ! मेरा 'पाव', अभी तक क्यों ना लाए ?'

३१

प्रकरण जिनके कोर्ट में, 'पक्षकार' वे लोग।
बाबू से पल पल दुखी, रिश्वत भारी रोग।।
रिश्वत भारी रोग, फैलना इसका जारी।
बड़ा विकट दुर्योग, व्यवस्था बिगड़ी सारी।।
कह जोशी कविराय – 'न्याय ही जब.. धन खाए।
तो, कितना संसार विकट, कुछ समझ न आए' !!

३२

आप किसी भी क्षेत्र में, जाएँ, मेरे मित्र !
बाबू कुर्सी पर नहीं, दिखते बड़े विचित्र।।
दिखते बड़े विचित्र, काम थोड़ा ही करते।
इनका विकट चरित्र, जेब 'धन' से ही भरते।।
कह जोशी कविराय – 'अगर, 'बाबू' से मिलना।
प्रातः 'बाबूधाम' पहुँच, फिर.. तनिक न हिलना'।।

३३

नित्य उधारी में मगन, 'बाबू' दारूख़ोर।
जब.. कोई 'धन' माँगता, करता पीकर शोर।।
करता पीकर शोर, ढोर जैसा चिल्लाता।
सारे जग को चोर, स्वयं को 'सन्त' बताता।।
कह जोशी कविराय – 'व्यक्ति जो पीता दारू।
वह निश्चित ही नष्ट' – पिया से बोली पारू'।।

३४

'बाबू बिन सम्भव नहीं, फ़ाइल का उद्धार'।
साहब बोले आ सभा – 'करो तथ्य स्वीकार।।
करो तथ्य स्वीकार, सभी मिलजुल ही खाओ।
कुछ ना करो विचार, जहाँ, जितना हो, पाओ'।।
कह जोशी कविराय – 'सभा झूमी चिल्लाई।
'साब ! आपने आज, कहाँ, कितनी गटकाई?'।।

३५

बाबू से बीवी मुदित, बोली मन की बात।
'मुझ पर तुम कर दो अभी..साड़ी की बरसात।।
साड़ी की बरसात, ज़िन्दगी सुखद बनाती।
दे चिन्ता को मात, प्यार के फूल खिलाती'।।
कह जोशी कविराय – 'झूम 'बाबू' झट बोले।
'अब..तो पी ली आज, खिला मिर्ची के छोले'।।

३६

बाबू की पत्नी नई, विकट, चतुर, चालाक।
उसकी बाबू पर सतत, बिजली जैसी धाक।।
बिजली जैसी धाक, कड़कती बीवी प्रतिदिन।
व्यर्थ लगाती हाँक, सजन से करती पिन पिन।।
कह जोशी कविराय – 'प्रिया, यदि, ऐसी पाए।
तो 'बाबू' बिन मौत, व्यर्थ ही मारा जाए'।।

३७

महँगाई सम बढ़ रहे, हर 'बाबू' के भाव।
रिश्वत से इसको सदा, प्रतिदिन बहुत लगाव।।
प्रतिदिन बहुत लगाव, नाव 'प्रकरण' की खेता।
रखता अद्भुत दाँव, 'गड्डियाँ' धन की लेता।।
कह जोशी कविराय – 'नदी में 'भाँग' बढ़ी है।
अब 'रिश्वत' की बाढ़, देश में बहुत चढ़ी है'।।

३८

मुझसे आकर स्वप्न में, बोले यही कबीर।
'देख देश की दुर्दशा, मेरा हृदय अधीर।।
मेरा हृदय अधीर, डूब 'रिश्वत' में बाबू।
खूब उड़ाते खीर, सुरा पी नित बेक़ाबू'।।
कह जोशी कविराय – 'नित्य मदिरा छलकाते।
झूम झूम घनघोर, 'सुन्दरी' गले लगाते'।।

३६

बाबू महिमा देख झट, बहुत दुखी रसख़्ान।
बोले – 'बाबू ज़ात ही, कपटी, कुटिल महान।।
कपटी, कुटिल महान, नित नए 'नियम' बताती।
सतत पिलाती ज्ञान, भयंकर पीती/खाती'।।
कह जोशी कविराय – 'सदा 'आनन्द' मनाती।
चोलीवाला गीत, झूमकर प्रतिदिन गाती'।।

४०

बाबू/बाबू लड़ पड़े, जूतों की बरसात।
बरखा सम होने लगी, कितनी ऊँची घात !!
कितनी ऊँची घात !! सुबह से वे पी आए।
मार शत्रु को लात, घोर बादल सम छाए।।
कह जोशी कविराय – 'देख यह दृश्य सुहाना।
तोता बोला – 'हाल देश के किसे सुनाना ?'

४१

विक्रम ने वेताल से, पूछा यही सवाल।
'क्यों सब 'बाबू' खा रहे, प्रतिदिन ही तरमाल ?
प्रतिदिन ही तरमाल ? पेट में 'अपच' बढ़ाए।
मानव को तत्काल, दवाख़ाने पहुँचाए'।।
कह जोशी कविराय – 'कृपा 'लछमी' की भारी'।
बोला यह वेताल – 'माल देती सरकारी'।।

४२

बाबू बोला ‘भीम’ से – ‘यदि, करवाने काम।
आज अभी ला दें तुरत, बीस किलो ही आम।।
बीस किलो ही आम, सब्ज़ियाँ ढेरों लाना।
वरना, काम तमाम, इधर वापस मत आना’।।
कह जोशी कविराय – ‘भीम ने मुक्का ताना।
बोला – ‘बाबू ! आज, तुम्हें क्या ऊपर जाना ?’

४३

जब.. बाबू पी आ गए, कार्यालय में आज।
लगे भौंकने गालियाँ, तनिक न आई लाज।।
तनिक न आई लाज, ‘साब’ ने भेजा थाने।
बिगड़े मन के काज, बुद्धि भी लगी ठिकाने।।
कह जोशी कविराय – ‘भले ‘बाबू’ बन जाना।
कार्यालय में आप, कभी पीकर ना आना’।।

४४

‘बाबू/साहब में ठनी, चलीं गालियाँ ख़ूब।
दोनों ने कुचला मुझे’ – रो रो बोली दूब।।
रो रो बोली दूब – ‘साब से ‘बाबू’ तगड़ा।
झट दारू में डूब, बढ़ा आँगन में झगड़ा’।।
कह जोशी कविराय – ‘विलक्षण देखा नाटक’।
कोयल बोली – ‘आज खुले अक्कल के फाटक’।।

४५

बोला चपरासी दुखी - 'बाबू ! सौ का नोट।
दे दो अभी 'उधार' तुम, नहीं करूँगा चोट।।
नहीं करूँगा चोट, 'नोट' वापस कर दूँगा।
मन में कुछ ना खोट, तुरत जा 'अद्धा' लूँगा'।।
कह जोशी कविराय - 'झूम 'बाबू' मुसकाए।
बोले - 'हम खुद आज, भयंकर ही पी आए'।।

४६

रो रो बोला 'साब' से, कल ही दुखी किसान।
'मेरे पैसे खा गया, 'बाबू' बेईमान।।
बाबू बेईमान, काम कुछ भी ना करता।
साब ! आप दें ध्यान, घास 'रिश्वत' की चरता'।।
कह जोशी कविराय - 'बोल 'साहब' मुसकाए।
'हमको दें कुछ 'भेंट', आपको पार लगाएँ'।।

४७

बहुत चतुर सारे 'लिपिक', करते अति अभिमान।
फ़ाइल अपने पास रख, बनते बड़े महान।।
बनते बड़े महान, अकड़कर बातें करते।
सुन साहब का ज्ञान, सदा मन ही मन डरते।।
कह जोशी कविराय - 'कुण्डली सुनो हमारी।
बाबू महिमा, मित्र ! विश्व में सबसे न्यारी'।।

४८

शेरसिंह 'बाबू' बड़े, दुबले जैसे काठ।
पढ़ा उन्होंने वस्तुतः, 'रिश्वत' का हर पाठ।।
'रिश्वत' का हर पाठ, व्यक्ति को 'भ्रष्ट' बनाता।
भले..स्वर्ग सम ठाठ, प्रतिष्ठा सतत गिराता।।
कह जोशी कविराय – 'विकट 'बाबू' के किस्से।
धन से भरना जेब, सदा से इनके हिस्से'।।

४९

बाबू ने भाषण दिया – 'सुन लें सारे लोग।
पीने/खाने का तुरत, कर दें बन्द प्रयोग।।
कर दें बन्द प्रयोग, जिएँ बस..स्वर्णिम जीवन।
त्याग जगत के भोग, चलें इस पल वृन्दावन'।।
कह जोशी कविराय – 'सभा तत्क्षण चिल्लाई।
'बड़ी भोर से आज, मित्र ! कितनी गटकाई ?'

५०

साहब बोले 'क्लर्क' से – 'कर दो बस..दो काम।
बच्चों को घर छोड़ दो, फिर..छलकाओ जाम।।
फिर..छलकाओ जाम, व्यवस्था रखना पक्की।
घिर आई है शाम, 'महोत्सव' बिलकुल नक्की'।।
कह जोशी कविराय – 'भंग पी 'बाबू' बोले।
'नशा भयंकर पाप, कहो बस..जय शिव भोले'।।

५१

रिश्वत के आरोप में, कितना ऊँचा खेल !
ढोंगी साहब के सहित, 'बाबू' पहुँचे जेल।।
बाबू पहुँचे जेल, 'कोर्ट' ने उन्हें बुलाया।
जज बोले – 'आरोप, तुम्हीं ने रुपया खाया'।।
कह जोशी कविराय – 'थिरक 'बाबू' चिल्लाया।
'कुछ ना खाया, साब ! यही 'माया' की माया'।।

५२

दृष्टि गड़ा बोले तुरत, 'साहब' जैसे गिद्ध।
'धूम्रपान इस क्षेत्र में, सचमुच पूर्ण निषिद्ध।।
सचमुच पूर्ण निषिद्ध, अन्यथा जग दूषित अब।
कार्य हमारे सिद्ध, रुकेंगे निश्चित ही तब..।।
कह जोशी कविराय – 'सुटक, पी सुलगी बीड़ी।
बोला 'बाबू' झूम – 'सुखों की ही यह सीढ़ी'।।

५३

रिश्वत खाना 'क्लर्क' का, सबसे पहला धर्म।
वे कहते अविराम ही – 'यह जीवन का मर्म'।।
'यह जीवन का मर्म', समझ बाबू मुसकाया।
कर नित दूषित कर्म, वंश भारी लजवाया।।
कह जोशी कविराय – 'बीच में फ़ाइल बोली।
'बाबू सबको ख़ूब, झूठ की देते गोली'।।

५४

कार्यालय में कर सभा, कल चहका सन्तोष।
'भंग कुएँ में जब.. घुली, 'बाबू' का क्या दोष ?
बाबू का क्या दोष ? अगर, वे 'रिश्वत' खाएँ।
जब.. जनता के कोष, हज़म 'नेता' कर जाएँ'।।
कह जोशी कविराय – 'बोल 'साहब' इतराए।
'ऐसा बाबू धन्य, नित्य जो 'लछमी' लाए'।।

५५

बाबू भीषण लालची, करे एक के आठ।
फ़ाइल छूने मात्र के, रुपए लेता साठ।।
रुपए लेता साठ, 'समस्या' झट बतलाता।
अद्भुत उसके ठाठ, माँग धन की दुहराता।।
कह जोशी कविराय – 'निवेदन बस..यह अपना।
गच्चे देता ख़ूब, सदा 'बाबू' से बचना'।।

५६

थाने में 'बाबू' गए, लेकर साहब संग।
दोनों ने आकण्ठ पी, भीषण रिश्वत भंग।।
भीषण रिश्वत भंग, नशा जब.. धन का छाया।
अधीनस्थ कुछ दंग, प्रकम्पित उनकी काया।।
कह जोशी कविराय – 'विलक्षण युग परिवर्तन।
हर बाबू का 'लक्ष्य', नित्य खाना..धन ही धन'।।

५७

सजनी बोली 'प्रेम' से, गाल सजन के चूम।
'बाबू से 'साहब' बनो, बहुत मचाओ धूम।।
बहुत मचाओ धूम, भयंकर 'रिश्वत' खाओ।
मत रहना मासूम, निरन्तर मज़े उड़ाओ'।।
कह जोशी कविराय – 'प्रिया से 'बाबू' बोला।
'तुमने मेरा आज, ज्ञान का फाटक खोला'।।

५८

मिले 'बिहारी' स्वप्न में, बोले मन की बात।
'अच्छों अच्छों को तुरत, 'बाबू' देते मात।।
'बाबू' देते मात, तुरत 'प्रकरण' उलझाते।
लछमी रातों रात, साब के घर पहुँचाते'।।
कह जोशी कविराय – 'सत्य यह किसे सुनाएँ ?
निर्धन या धनवान, घूस वे सबसे खाए'।।

५६

'धूम्रपान कर अनवरत, कुछ 'बाबू' घनघोर।
बैठ स्वयं के कक्ष ही, भारी करते शोर।।
भारी करते शोर, समय पर कभी न आते।
विविध वस्तुएँ चोर, छुपा, झट घर ले जाते'।।
कह जोशी कविराय – 'रक्त 'शासन' का पीते।
रिश्वत खा दिनरात, कुटिलता से वे जीते'।।

६०

शासन के आदेश की, उड़ा धज्जियाँ रोज़।
बाबू आते देर से, करते धन की खोज।।
करते धन की खोज, ताकते मुर्ग़ा आए।
जो करवाए भोज, 'गड्डियाँ' भी दे जाए।।
कह जोशी कविराय – 'मानसिकता क्या उनकी ?
रिश्वत पर अविराम, दृष्टि हो प्रतिदिन जिनकी'।।

६१

बाबू पैसों का सदा, गणित लगाते नित्य।
पढ़ते प्रायः शाम तक, बस..घटिया साहित्य।।
बस..घटिया साहित्य, व्यक्ति को दुख पहुँचाता।
ज्यों प्रचण्ड आदित्य, ज्येष्ठ में कष्ट बढ़ाता।।
कह जोशी कविराय – 'कथा 'बाबू' की न्यारी।
किन्तु, अध्ययन आप, रखें इसका नित जारी'।।

६२

कुछ बाबू तो वस्तुतः, कुटिल, महाकंजूस।
वे खाते दिनरात ही, भारी भरकम घूस।।
भारी भरकम घूस, विश्व में किसे न भाए ?
करो 'सत्य' महसूस, व्यक्ति का मान घटाए।।
कह जोशी कविराय – 'विकट 'बाबू' की माया'।
बोली कल ही शाम, साब से हँसकर छाया'।।

६३

बाबू को प्रत्यक्ष ही, 'मन्त्री' का आदेश।
'तुम 'रिश्वत' लो ही नहीं, रचो विमल परिवेश।।
रचो विमल परिवेश, दाल/रोटी नित खाओ।
मिट जाएँगे क्लेश, 'बचत' भी करते जाओ'।।
कह जोशी कविराय – 'बोल 'बाबू' मुसकाए।
'हमको दे उपदेश, स्वयं घपले करवाए'।।

६४

पेण्ट/शर्ट चमचम डटा, बाबू लल्लूलाल।
अपने कार्यालय गए, भारी किया कमाल।।
भारी किया कमाल, नए मुर्गे जब.. आए।
उन्हें देख तत्काल, 'ताल' जैसे हरषाए।।
कह जोशी कविराय – 'साब ने पूछा – 'बाबू !
कितनी लछमी आज, मिली, जो तुम बेक़ाबू ?'

६५

बाबू खाने में लगे, धन ही धन दिनरात।
वेतन उनको बहुत ही, फिर भी ऊँची घात !
फिर भी ऊँची घात ! लखपति बनना चाहें।
सुन पैसे की बात, तुरत फैलाएँ बाहें।।
कह जोशी कविराय – 'अगर, हो देश बचाना।
पकड़ो रंगे हाथ, दिखाओ इनको थाना'।।

६६

'बाबू ! रिश्वत खा, अगर, मिले परम सन्तोष।
तो भी 'भ्रष्टाचार' तो, सबसे भीषण दोष।।
सबसे भीषण दोष, भले ना मानो, भैया !
प्रकट करो ना रोष, करो ना तातिथैया'।।
कह जोशी कविराय – 'हँसा, यह बोल कन्हैया।
'छल ⁄ बल से मझधार, स्वतः जीवन की नैया'।।

६७

'सत्यनिष्ठता विश्व का, सबसे अद्भुत मन्त्र।
ज्यों विलुप्त यह इन दिनों, संकट में गणतन्त्र।।
संकट में गणतन्त्र, अगर, यह 'रिश्वत' जारी।
जैसे दूषित यन्त्र, कष्ट नित देता भारी'।।
कह जोशी कविराय – 'बोल 'बाबू' गिरधारी।
गटक गए तत्काल, सुरा की 'बोतल' सारी'।।

६८

रिश्वत के सन्दर्भ में, मेरा 'भारत' देश।
सबसे आगे जा रहा, यह कैसा परिवेश ?
यह कैसा परिवेश ? देश के सारे बाबू।
गिन गिन प्रतिदिन 'कैश', हो रहें नित बेक़ाबू।।
कह जोशी कविराय – 'क्रान्ति कर देश बचाओ।
सब भ्रष्टों को आप, युवाओ !! मज़े चखाओ'।।

६९

सोने की चिड़िया बनी, बिलकुल सूखी डाल।
प्रतिदिन ही रिश्वत गटक, 'बाबू' हुआ निहाल।।
बाबू हुआ निहाल, 'महल' उसने बनवाया।
जा विदेश तत्काल, अनोखी कारें लाया।।
कह जोशी कविराय – 'पड़ा जब.. उस घर छापा।
पागल सम अविराम, वही खोया निज आपा'।।

७०

सब क्लर्कों से नित्य ही, रहना बहुत सतर्क।
वरना, भोगोगे कभी, अपयश सम ही नर्क।।
अपयश सम ही नर्क, विकट 'बाबू' भुगवाए।
इससे नित सम्पर्क, व्यर्थ दुख ही बढ़वाए।।
कह जोशी कविराय – 'अतः, जब.. इससे मिलना।
बिना कराए काम, नहीं 'कुर्सी' से हिलना'।।

७१

उलटी पट्टी ही पढ़ा, हर साहब से काम।
करवाता 'बाबू' तुरत, अनायास अविराम।।
अनायास अविराम, फ़ाइलें सही जमाता।
ले नेता का नाम, 'साब' तक को धमकाता।।
कह जोशी कविराय – 'लिपिक धन बिना न माने।
भीषण इसकी घात, विकट इसके अफ़साने'।।

७२

कुछ 'बाबू' इस विश्व में, विस्मय के अवतार।
कर देते हर व्यक्ति को, ज्यों कष्टों से पार।।
ज्यों कष्टों से पार, अगर, मानव हो जाए।
तो, सावन की धार तुल्य सुख 'मनवा' पाए।।
कह जोशी कविराय – 'सुदुर्लभ 'बाबू' सज्जन।
पग पग पर ही आप, स्वयं पा सकते दुर्जन'।।

७३

स्वतन्त्रता के बाद से, प्रतिदिन 'रिश्वत' घोर।
सारे बाबू खा रहे, भारत में चहुँ ओर।।
भारत में चहुँ ओर, रोब 'बाबू' का भारी।
उसका ओर न छोर, 'बुद्धि' काजल सी कारी।।
कह जोशी कविराय – 'कुण्डली सुनो हमारी।
अधिक न रखना, मित्र ! बाबुओं से तुम यारी'।।

७४

बाबू से कुछ मत कहो, दो धन के संकेत।
कर्मसिद्धि समझो हुई, बाबू, अगर, सचेत।।
बाबू, अगर, सचेत, काम निबटा ही देगा।
काले धन के खेत, जोतकर ही दम लेगा।।
कह जोशी कविराय – 'काम 'बाबू' के पक्के।
बिना 'दक्षिणा' नित्य, खिलाते सबको धक्के'।।

७५

बाबू ने हमसे कहा – 'आप प्रखर विद्वान।
रचते अनुपम 'काव्य' ही, धन्य आपका ज्ञान।।
धन्य आपका ज्ञान, लिखें अब यही कहानी।
'बाबू बड़े महान, बहुत करते मनमानी'।।
कह जोशी कविराय – 'तुरत हम बोले – 'भैया !
बिन 'रिश्वत' पतवार, डूबनी जीवन नैया'।।

७६

वृद्धावस्था में हुए, 'बाबू' भीषण भ्रष्ट।
पत्नी ने झल्ला कहा – 'सपने सारे नष्ट।।
सपने सारे नष्ट, 'सजन' नित पीते/खाते।
यही हृदय में कष्ट, झूमते ही घर आते'।।
कह जोशी कविराय – 'पड़ोसन कह मुसकाई।
'मिला पड़ोसी प्रेम, निरन्तर अतिसुखदाई'।।

७७

'बाबू पैदा हो रहे, यह शिक्षा का दोष'।
नेता ने जा निज सभा, प्रकटा भीषण रोष।।
प्रकटा भीषण रोष, आग सम स्वयं भयंकर।
तभी सभा में घोष, 'आज नेता प्रलयंकर'।।
कह जोशी कविराय – 'वहीं बोली घरवाली।
'रोकें भाषण आप, दे रही जनता गाली'।।

७८

बाबू की चिन्ता बढ़ी, था बेटी का ब्याह।
उसने 'साहब' से कहा – 'मुझे दिखाओ राह।।
मुझे दिखाओ राह, कहाँ से पैसा लाऊँ ?
क्षीण हृदय उत्साह, व्यथा निज किसे सुनाऊँ ?'
कह जोशी कविराय – 'साब झट बोले 'काले'।
'तुम भी नेता तुल्य, करो भीषण घोटाले'।।

७९

बाबू बोले स्वप्न में – 'मन्त्रीजी सुखराम !
विकट आपकी शक्तियाँ, धन्य आपके काम।।
धन्य आपके काम, मोह 'लछमी' से भारी।
अख़बारों में नाम, उछलना प्रतिदिन जारी'।।
कह जोशी कविराय – 'बोल 'मन्त्री' मुसकाए।
'ख़ूब हमारे साथ, नोट तुमने भी खाए'।।

८०

बाबू ने जिस पल किया, 'रिश्वत' से इनकार।
व्यापारी बोला तुरत – 'आज धर्म अवतार।।
आज धर्म अवतार, धन्य मालिक की माया।
मेरा यही विचार, इसी से सुखमय काया'।।
कह जोशी कविराय – 'तभी.. 'साहब' चिल्लाए।।
'क्षणभंगुर संसार, क्यों नहीं पीएँ/खाएँ ?'

८१

जब.. भी बाबू से मिलो, करो प्रेम से बात।
और.. नहीं तो अन्यथा, समझो भीषण घात।।
समझो भीषण घात, रुकेगी 'फ़ाइल' पल पल।
दुख देगा दिनरात, बाबुओं का हर छलबल।।
कह जोशी कविराय – 'शक्ति 'बाबू' की भारी।
उनका 'रिश्वत' घोर, नित्य ही खाना जारी'।।

८२

बाबू से बोला तुरत, बेटा कर झट क्रोध।
'ब्याह अभी मेरा करो, वरना..घोर विरोध।।
वरना..घोर विरोध, तुम्हें 'वेतन' ना दूँगा।
मुझमें इतना बोध, स्वयं 'सजनी' चुन लूँगा'।।
कह जोशी कविराय – 'झूम 'बाबू' झल्लाए।
'बिन दहेज, प्रिय पुत्र ! ब्याह का मज़ा न आए'।।

८३

बाबू ने चिट्ठी लिखी, नेताजी के नाम।
'लाखों घोटाले किए, धन्य आपके काम।।
धन्य आपके काम, 'प्रेरणा' हमने पाई।
सुबह, दोपहर, शाम, आपकी 'महिमा' गाई'।।
कह जोशी कविराय – 'तुरत यह उत्तर आया।
'थोड़ा थोड़ा, मित्र ! सभी ने ही मिल खाया'।।

८४

मुझे 'सहेली' ने कहा – 'बाबू बड़े ख़राब।
कार्यालय में भी सदा, पीते ख़ूब गुलाब।।
पीते ख़ूब गुलाब, गालियाँ बकते भारी।
कहते क्रोधित 'साब', उधारी इनकी जारी'।।
कह जोशी कविराय – 'कुण्डली सुनो हमारी।
दारू छोड़ें 'क्लर्क', रहेंगे हम आभारी'।।

८५

कार्यालय की मित्र से, हुआ 'लिपिक' को प्यार।
वह बोला – 'मेरी प्रिये ! तुम जीवन आधार।।
तुम जीवन आधार, अन्त तक साथ निभाना।
क्षणभंगुर संसार, मुझे तुम भूल न जाना'।।
कह जोशी कविराय – 'सखी बोली – 'मुसकाओ।
पहले 'स्वर्णिम' हार, पचासों तुरत दिलाओ'।।

८६

बाबू से वर्धित सतत, बड़े 'साब' का कोप।
'इन पर लगते नित्य ही, बड़े बड़े आरोप।।
बड़े बड़े आरोप, बहुत बदनामी होती।
जैसे बिगड़ी तोप, बिना छूटे ही रोती'।।
कह जोशी कविराय – 'आलसी 'बाबू' भारी।
ख़ूब उड़ाते मौज, चढ़ाते घोर उधारी'।।

८७

बाबू से बोली प्रिया – 'घिर घिर आई शाम।
बहुत 'प्रेम' से कह रही, कर दो मेरा काम।।
कर दो मेरा काम, साड़ियाँ ला दो चमचम।
पूरे आठों याम, जपूँगी तुमको हरदम'।।
कह जोशी कविराय – 'झूम 'बाबू' गुर्राया।
'मैं 'रिश्वत' से दूर, कहाँ से लाऊँ माया ?'

८८

अधीनस्थ रोने लगी, ज्यों सावन की धार।
बोली बूढ़े 'साब' से – 'मुझे करो तुम प्यार।।
मुझे करो तुम प्यार, तुरत ही गले लगाओ।
जीवन नैया पार, करो, दुख ना पहुँचाओ'।।
कह जोशी कविराय – 'साब बोले – 'बलखाओ।
चोलीवाला गीत, मुझे तुम पुनः सुनाओ'।।

८९

'लछमी पर रहती सदा, हर 'बाबू' की दृष्टि।
वह घर में नित चाहता, धन की अद्भुत वृष्टि।।
धन की अद्भुत वृष्टि, बहुत सम्पन्न बनाती।
जैसे अनुपम सृष्टि, विश्व का हृदय रिझाती'।।
कह जोशी कविराय – 'अतः, अपना यह कहना।
सावधान दिनरात, सभी क्लर्कों से रहना'।।

६०

बाबू को बीवी मिली, पूरी मायाजाल।
बात बनाती ग़ज़ब की, करती ख़ूब धमाल।।
करती ख़ूब धमाल, पहनती चमचम साड़ी।
तीव्र पवन की चाल, चलाती पीकर गाड़ी।।
कह जोशी कविराय – 'निरन्तर चिन्तन जारी।
देखी पहली बार, 'धुरन्धर' ऐसी नारी'।।

६१

बाबू जैसा लालची, बहुत सुलभ ही आज।
पैसे खाने में इसे, नहीं तनिक भी लाज।।
नहीं तनिक भी लाज, माँगता 'लछमी' भारी।
फिर भी.. करे न काज, रोकता फ़ाइल सारी।।
कह जोशी कविराय – 'चकित ही 'बुद्धि' हमारी।
विकट भयंकर रोग, फैलना यह नित जारी'।।

६२

'बाबू की महिमा ग़ज़ब, ऊपर से व्यवहार।
उसका अद्भुत सन्तुलित, भीतर से बेकार।।
भीतर से बेकार, मात्र नोटों की चाहत।
यह कहने का सार, देश की बिगड़ी हालत'।।
कह जोशी कविराय – 'विकट 'बाबू' के धन्धे।
कुछ बाबू तो आज, सर्वतः मद में अन्धे'।।

६३

बाबू बोला राम से – 'क्या है तुमको काम ?
थोड़े में कह दो मुझे, अभी दूर है शाम।।
अभी दूर है शाम, तुरत 'बोतल' पहुँचाओ।
छलकाएँगे जाम, नोट की 'गड्डी' लाओ'।।
कह जोशी कविराय – 'राम बोला – 'क्या करना ?
दारू पी दिनरात, तुम्हें अब.. जल्दी मरना'।।

६४

'रिश्वत खाने का मिला 'बाबू' को वरदान'।
साहब ने उसको दिया, यह अति अद्भुत ज्ञान।।
यह अति अद्भुत ज्ञान – 'जहाँ, जो मिलता, खाओ।
केवल 'रिश्वत' गान, झूम अब.. प्रतिदिन गाओ'।।
कह जोशी कविराय – 'साब से 'बाबू' बोला।
'आज ज्ञान का द्वार, आपने स्वर्णिम खोला'।।

६५

बाबू/साहब में ठनी, 'धन' झगड़े का मूल।
दोनों ने दीं गालियाँ, आपस में प्रतिकूल।।
आपस में प्रतिकूल, वृष्टि जूतों की प्रतिपल।
उच्च प्रतिष्ठा धूल, मची ऑफ़िस में हलचल।।
कह जोशी कविराय – 'ख़बर पेपर में आई।
उनकी कीर्ति महान, विश्वभर में थी छाई'।।

६६

क्या बाबू की ज़िन्दगी, क्या बाबू के ठाट !
बाबू जाता हर समय, बस.. 'रिश्वत' के घाट।।
बस.. 'रिश्वत' के घाट, ठहरना उसको भाता।
भर नोटों के हाट, गीत 'दारू' के गाता।।
कह जोशी कविराय – 'कह रही 'नज़मा' आपा।
'क्यों ना पड़ता, साब ! भ्रष्ट 'बाबू' घर छापा ?'।।

६७

साथ हमारे थे कभी, 'बाबू' अभयानन्द।
अतिप्रसन्न रहते सदा, गज सम गतिमय मन्द।।
गज सम गतिमय मन्द, काम सब झट निबटाते।
विहग तुल्य स्वच्छन्द, नित्य 'कार्यालय' आते।।
कह जोशी कविराय – 'सभी को वे समझाते।
'करो कर्म दिनरात, निरन्तर हँसते/गाते'।।

६८

बुद्धिमान 'बाबू बड़े, नित खा धन चुपचाप।
बनते सीधे बहुत ही, मन मन करते पाप।।
मन मन करते पाप, बड़े भोले भी बनते।
करते व्यर्थ प्रलाप, ताड़ जैसे फिर तनते।।
कह जोशी कविराय – 'अतः, अपना तो कहना।
'बिन रिश्वत, प्रिय मित्र ! देशसेवा में रहना'।।

६६

'स्वच्छ प्रशासन के लिए, बाबू 'कर्म' महान।
आजीवन करते रहें, लाख रहें व्यवधान।।
लाख रहें व्यवधान, बढ़ाएँ देश निरन्तर।
सुनें खोल कर कान, रखें ना मन का अन्तर'।।
कह जोशी कविराय – 'ये नियम हों, यदि, लागू।
सुधरेंगे तत्काल, विश्व के सारे बाबू'।।

१००

दोहों में बोले मुझे, कल ही घासीदास।
'बड़े काम का हर लिपिक, मत मानो विश्वास।।
मत मानो विश्वास, भले वह 'रिश्वत' खाता।
यही बात है ख़ास, काम पल में करवाता'।।
कह जोशी कविराय – 'सुनो मेरे हमराही !
बड़ा चुटीला काव्य, सुखद **अथ बाबूशाही**'।।

विश्व के सारे बाबूओं के नाम..
इस 'कविराय' का विचित्र पैग़ाम –
'अथ बाबूशाही'
आशा है कभी 'बाबू' रहे इस अद्भुत 'कविराय'
की उक्त मनोव्यथा को बाबू अन्यथा ना लेंगे,
वरना, देश/विश्व का चक्का जाम हो जाएगा।

विश्वकीर्तिमानक : 'कविराय' डॉ. ओम् जोशी

9 789390 889662